Histórias para encantar
Para dinamizar encontros de jovens

Coleção Encanto Jovem

- *Dinâmicas para encontros de jovens: o encanto de dinamizar é evangelizar* – Ivani de Oliveira e Mário Meireles

- *Dinâmicas para vivência e partilha: a arte de animar encontros* – Mário Meireles e Ivani de Oliveira

- *Dinâmicas, gincanas e jogos: atividades para brincar e aprender* – Mário Meireles

- *Estratégias e jogos pedagógicos para encontros* – Gloria Del Carmen Tobón Vásquez, María Magdalena Vargas de Chica, Isabel Cristina Velásquez Henao, Marta Lucía Bolívar Gutiérrez, Maria Omaira Castrillón Velásquez

- *Histórias para encantar: para dinamizar encontros de jovens* – Ivani de Oliveira e Mário Meireles

- *Oficinas e dinâmicas: técnicas para trabalho em grupo* – Ivani de Oliveira e Mário Meireles

Ivani de Oliveira
Mário Meireles

Histórias para encantar
Para dinamizar encontros de jovens

Diante da vitória, não recue.
Diante da queda, não desanime.
Pois nem sempre a vitória é uma glória
e nem sempre a queda é o fim.

Dados Internacionais de Catalogação na Publicação (CIP)
(Câmara Brasileira do Livro, SP, Brasil)

Oliveira, Ivani de
   Histórias para encantar : para dinamizar encontros de jovens / Ivani de Oliveira e Mário Meireles . – 7. ed. -- São Paulo : Paulinas, 2013. – (Coleção encanto jovem)

   ISBN 978-85-356-3504-1

   1. Ficção pastoral 2. Igreja - Trabalho com jovens I. Meireles, Mário. II. Título. III. Título: Para dinamizar encontros de jovens. IV. Série.

13-03817   CDD-259.2

Índice para catálogo sistemático:
   1. Histórias para encontros de jovens :
   Pastoral da juventude : Cristianismo   259.2

Citações bíblicas: *Bíblia Sagrada*
                   tradução da CNBB, 2ª ed., 2002

Direção geral: *Flávia Reginatto*
Editora responsável: *Celina H. Weschenfelder*
Assistente de edição: *Daniela Medeiros Gonçalves*
Coordenação de revisão: *Andréia Schweitzer*
Revisão: *Patrizia Zagni*
Direção de arte: *Irma Cipriani*
Gerente de produção: *Felício Calegaro Neto*
Produção de arte : *Cristina Nogueira da Silva*
Ilustrações : *Lettera Studio*

7ª edição – 2013
2ª reimpressão – 2018

Nenhuma parte desta obra poderá ser reproduzida ou transmitida por qualquer forma e/ou quaisquer meios (eletrônico ou mecânico, incluindo fotocópia e gravação) ou arquivada em qualquer sistema ou banco de dados sem permissão escrita da Editora. Direitos reservados.

Paulinas
Rua Dona Inácia Uchoa, 62
04110-020 – São Paulo – SP (Brasil)
Tel.: (11) 2125-3500
http://www.paulinas.com.br – editora@paulinas.com.br
Telemarketing e SAC: 0800-7010081
© Pia Sociedade Filhas de São Paulo – São Paulo, 2003

Introdução

Histórias para encantar é um livro que foi rezado, sonhado, vivenciado e nasceu a partir de experiências concretas, vividas com jovens, adolescentes, adultos... na diocese de Osasco e em diversas dioceses do Brasil.

Depois de anos de trabalho, tecemos este sonho que agora chega para todos(as) aqueles(as) que desejam encantar, por meio de histórias, o trabalho pastoral e enriquecê-lo, propiciando melhor entendimento nos encontros em geral.

Com as histórias, é possível comunicar-nos com mais clareza e expressar melhor o que queremos transmitir. As histórias não são um ponto final; elas iluminam o tema, contribuem na abertura de encontros, retiros, cursos, aulas, palestras etc. e ajudam na reflexão em diversos momentos da vida. Você com certeza se identificará com algumas delas. E agora queremos partilhá-las com você, querido(a) leitor(a).

Dedicatória e agradecimentos

Dedicamos este livro primeiramente aos nossos pais, porque com o dom da vida nos possibilitaram fazer esta experiência, a partir da vivência e partilha com o povo das comunidades, e aos nossos familiares.

A Junior e Fabiana, pela contribuição. Aos jovens e assessores da Pastoral da Juventude: catequistas, padres, religiosos(as) e leigos(as). Às companheiras do Instituto Secular Murialdo e, em especial, à diocese de Osasco e a todas as pessoas das dioceses deste Brasil encantador por onde passamos.

"Estamos nas mãos de Deus; estamos em boas mãos."

(são Leonardo Murialdo)

1. Fé: pedir com o coração

Objetivo:
Trabalhar a vocação e aceitar os dons que Deus nos dá.

Havia uma linda princesa chamada Noa. Todos os dias, quando o sol estava para se pôr, ela cantava em sinal de gratidão por mais um dia. E todo o reino silenciava para ouvir sua linda canção. Todos sentiam uma grande paz. As crianças amavam a voz de Noa. Sua voz era um símbolo de amor dentro do reino.

Um dia, a voz de Noa silenciou. Ela não conseguia falar nem cantar, e ninguém sabia o porquê.

O rei, muito preocupado, pediu ajuda a todos os sábios do reino, na tentativa de recuperar a voz de Noa. Alguns traziam receitas caseiras, ervas consideradas milagrosas, outros a benziam. Mas nada surtia efeito. E, assim, o reino caiu em profunda tristeza.

As tardes já não eram tão especiais sem o canto de Noa. E o tempo foi passando... Noa não era mais vista ao entardecer, e o rei estava em prantos pela dor de sua filha.

Numa noite fria, o rei ouviu batidas na porta do castelo e, ele próprio, foi abri-la. Era um pobre mendigo a pedir comida:
— Senhor, dá-me de comer, tenho muita fome.

O rei, vendo o pobre homem, ordenou que dessem de comer a ele. Então o mendigo disse ao rei:
— És um homem tão bondoso! Deste-me de comer quando eu mais precisava. Como posso retribuir tamanha generosidade?

E o rei, tristonho, olhou para a noite fria e disse:

— Não há nada que possas fazer. O meu maior desejo ninguém pode realizar. Vai com Deus.

E, assim, o mendigo saiu do castelo muito agradecido.

No dia seguinte, o rei ouviu Noa chamá-lo. Subiu às pressas a escadaria do castelo e não acreditou ao ver que ela havia recuperado a voz.

O reino inteiro festejou o milagre ocorrido com Noa. Poderiam ouvir sua voz ao entardecer e os dias seriam felizes novamente.

O rei, em sua tamanha alegria, começou a questionar quem teria feito tal milagre. Foi quando se lembrou do mendigo que havia estado em seu castelo na noite anterior. Ele tinha um olhar diferente, quando falou em retribuir ao rei pela comida dada.

— Procurem aquele homem, porque, se foi ele quem fez tal milagre, devo agradecer-lhe.

E então saíram em busca do mendigo e o encontraram na floresta.

— És o mendigo que o rei procura?

— Como está o rei? — indagou o mendigo.

— Então és tu quem realizou o milagre? Como conseguiste?

— Nada fiz senhor. Apenas pedi a Deus, com amor, que desse ao rei o que lhe faltava. E quando pedimos com amor, nem mesmo Deus pode nos negar. Pois, sendo ele o amor, como poderia contrariar o seu próprio pedido?

Reflexão:
Quando é o seu coração que pede, saiba que o seu pedido já foi atendido mesmo antes de fazê-lo.

2. Os dois irmãos

Objetivo:
Fazer cada pessoa perceber o quanto é importante e que não pode haver divisão entre elas.

Dois irmãos moravam em fazendas vizinhas, separadas apenas por um rio.

Durante anos percorriam uma estrada estreita e comprida, ao longo do rio, para, ao final de cada dia, desfrutarem um da companhia do outro.

Apesar do cansaço, faziam-no com prazer, pois se amavam.

Mas agora tudo havia mudado, pois um dia brigaram. O que começara como mal-entendido, finalmente explodira numa troca de palavras grosseiras, seguidas por semanas de total silêncio...

Certa manhã, o irmão mais velho ouviu alguém bater à sua porta. Ao abri-la, encontrou um homem com uma caixa de ferramentas. Era um carpinteiro, que foi logo dizendo:

— Estou procurando trabalho, posso ajudá-lo?

— Sim! — disse o irmão mais velho. — Claro. Tenho trabalho para você. Está vendo aquela fazenda além do rio? É do meu irmão mais novo. Nós brigamos e não suporto mais vê-lo. Quero que construa uma cerca bem alta ao longo do rio, para que eu não o veja.

Entendendo a situação, disse o carpinteiro:

— Mostre onde está o material que farei um trabalho que o deixará satisfeito.

Como precisava ir à cidade, o irmão mais velho ajudou o homem a encontrar o material e saiu.

O homem trabalhou arduamente durante todo o dia, e já anoitecia quando terminou sua obra.

O fazendeiro, ao retornar, não pôde acreditar no que via! Não havia cerca nenhuma! Em seu lugar estava uma ponte que ligava o rio dos dois lados.

Era realmente um belo trabalho, mas, enfurecido, ele exclamou:
— Você é muito insolente em construir esta ponte, depois de tudo que lhe contei!

No entanto, as surpresas não haviam terminado... Ao olhar para a ponte mais uma vez, viu seu irmão aproximando-se da outra margem, correndo com os braços abertos. Os dois ficaram imóveis, e num só impulso, correram um na direção do outro, abraçando-se e chorando no meio da ponte.

Emocionados, viram o carpinteiro arrumando suas ferramentas e partindo.
— Não! Espere! — disse o mais velho. — Fique conosco alguns dias. Tenho muitos outros projetos para você.
— Adoraria ficar, mas tenho muitas outras pontes para construir.

Reflexão:
Sempre que houver oportunidade, construa pontes... jamais cercas!

3. O canto e o encanto de Anastácia

Objetivo:
Mostrar que a intenção de fazer o bem às vezes necessita ser avaliada, para observar se se está no caminho certo.

Anastácia era uma jovem muito bonita e caridosa. Gostava muito de ajudar as pessoas e não fazia distinção de ninguém. Entre suas qualidades havia uma especial: ela cantava tão bem, que às vezes era confundida com um rouxinol ou colibri.

Na cidade em que morava, o famoso reino de Mavai, Anastácia era chamada para participar de todos os eventos, até mesmo os reais.

Apesar de ser conhecida em todo o reino, Anastácia não deixava que a fama a fizesse sentir-se uma pessoa melhor que as demais. Muito carinhosa e amorosa, sempre tinha palavras e canções para consolar quem precisasse.

Todos do reino de Mavai, quando tinham algum problema, iam ao encontro dela, que diariamente ouvia diversas pessoas.

Com o passar do tempo, Anastácia começou a se sentir cansada, sua voz parecia se esvair. Um dia, durante uma apresentação, ela mal conseguiu cantar de tão cansada.

Então, uma pessoa que se dizia sua amiga, disse-lhe : "Anastácia, você sempre deu tudo o que tinha, nunca mediu esforços para ajudar as pessoas deste reino; porém, chegou a hora de parar, sua voz não é mais a mesma. Acho que deve ir para um outro lugar, onde ninguém a conheça, pois aqui em Mavai as pessoas só a respeitam por causa do seu sucesso. Agora que você não consegue mais cantar, ninguém mais vai gostar de você".

Decepcionada consigo mesma, Anastácia resolveu deixar Mavai e ir para um outro reino distante, chamado Molvodó.

Ao chegar a este reino, muito cansada, procurou um abrigo, mas não encontrou. Tentou a sorte como cantora, mas não conseguia mais cantar, sua voz não era mais a mesma. Então, ainda mais decepcionada, pôs-se a chorar. Suas lágrimas eram tantas, que se formou um enorme lago. Foram dias e dias de choro, que levou a moça a soluçar sem parar. Os soluços eram tão fortes que se ouvia a distância. Muitas pessoas foram até Anastácia para tentar consolá-la, mas não conseguiram.

Passaram-se meses e a notícia, que já havia se espalhado por toda a redondeza, chegou até o reino de Mavai. Surpresos, pois ninguém, exceto uma amiga, sabia porque Anastácia havia ido embora, os moradores foram ao seu encontro. Como Anastácia era muito querida, as pessoas levaram diversos presentes, um mais belo que o outro. E em grande mutirão, enfim chegaram até Molvodó, onde estava Anastácia.

Quando a viram, ficaram surpresos: ela soluçava sem parar, as lágrimas inundavam o reino. Então as pessoas, muito tristes, puseram-se a chorar e se aproximaram dela. Ao ver seus amigos, Anastácia parou o choro, respirou fundo e entoou um canto nunca antes ouvido. As pessoas ficaram inebriadas, como também as pessoas do reino onde ela estava e que não a conheciam. Quando ela encerrou o canto, todos aplaudiram com muito entusiasmo. Então, as pessoas começaram a comentar: "Mas ela é uma artista", dizia um; "Eu neguei emprego a ela", dizia outro. As pessoas que vieram de Mavai replicavam: "Ela é nossa. Além de grande artista, é muito amiga, sempre tem uma palavra de conforto e o seu ombro está sempre à nossa disposição".

Então, Anastácia, vendo aquela manifestação de carinho, disse:
— Vocês não se esqueceram de mim?
— Claro que não! — responderam os habitantes de Mavai.

—Mas eu os decepcionei, quando não conseguia mais cantar" — disse a moça.

— Você é querida pela pessoa maravilhosa que é. A sua música, é claro, sempre nos envolveu, sua voz acalmava os nossos corações. Mas a sua verdadeira qualidade está no coração — concluiu um amigo.

Então, muita emocionada, Anastácia falou:
— Agora eu tenho duas casas, dois reinos e vou trabalhar ainda mais para a felicidade das pessoas, pois percebi que devo confiar mais nos que estão à minha volta e acreditar que me amam, independentemente das coisas que eu faça, e sim por aquilo que sou.

Assim, todos ficaram felizes, e os dois reinos cresceram ainda mais, como povos amigos.

Reflexão:
Não devemos subestimar as pessoas e tirar conclusões baseando-nos apenas em uma opinião, principalmente quando somos queridos por todos.
Devemos amar e ser amados por aquilo que somos.
As nossas qualidades são falhas,
mas, mesmo assim, devemos continuar.
Nada como um dia após o outro.

4. Os dons são preciosos

Objetivo:
*Descobrir a importância de cada pessoa para si
e para o outro sem perder sua personalidade, pois Deus dá dons
diferentes para cada um e que devem ser partilhados.*

Na ilha chamada Ivama, todas as pessoas que chegavam recebiam um dom para trabalhar: ciência, fortaleza, inteligência, caridade, sabedoria, piedade, conselho... Nessa ilha não havia fome, desemprego, tristeza, pois todos tinham uma atividade com a qual podiam sobreviver e dela partilhar.

Depois de muitos anos, chegou à ilha um grupo de pessoas que, ao receberem os seus dons, resolveram criar um movimento que ressaltava a superioridade de seus dons. Isso gerou conflitos entre todos.

Aquele que tinha o dom da fortaleza achava-se mais poderoso que os demais e passou a ignorar o que tinha o dom da inteligência. Este, porém, por ter o dom da inteligência, passou a esnobar aquele que tinha o dom do conselho, pois a inteligência permitia-lhe pensar em inúmeras coisas sem necessitar de conselhos.

Assim, em Ivama começou a haver muita discórdia, desemprego e tristeza. A ilha deixou de ter suas qualidades. Então, algumas pessoas com o dom da caridade perceberam que, no tempo em que não havia divisão ou disputa, cada um exercia e aceitava o seu dom e tudo era melhor, mais tranqüilo. Iniciaram uma campanha com o intuito de acabar com as disputas, fazendo com que as pessoas pudessem se unir, pois todos os dons eram necessários. Quem tem o dom da fortaleza é forte, mas precisa da inteligência; quem é inteligente necessita do conselho, assim como este se baseia na sabedoria, que carece da ciência, que está ligada à caridade. Dessa forma, todos se conscientizaram, de que cada um era importante e que ninguém consegue tudo sozinho.

Reflexão:
Cada ser é único, no entanto ninguém vive sem o outro. Por melhor que sejam as nossas qualidades, os nossos dons, sempre precisaremos nos unir aos dons dos outros.

5. O valor de cada um

Objetivo:
Perceber que não podemos desvalorizar nem desprezar ninguém, porque todos são importantes.

Um menino entrou numa loja de animais e perguntou o preço dos filhotes de cachorro que estavam à venda.
— Entre 60 e 100 reais — respondeu o dono.

O menino puxou uns trocados do bolso e disse:
— Mas eu só tenho 10 reais... Poderia ver os filhotes?

O dono da loja sorriu e chamou Fifi, a mãe dos cachorrinhos, que veio correndo, seguida de cinco bolinhas de pêlo.

Um dos cachorrinhos vinha mais atrás, com dificuldade, mancando de forma visível.

O menino apontou aquele cachorrinho e perguntou:
— O que há com ele?

O dono da loja explicou que o veterinário tinha-o examinado e descoberto que o pequeno cão estava com um problema na junta do quadril, mancaria e andaria devagar para sempre.

O menino se animou e disse com enorme alegria no olhar:
— Esse é o cachorrinho que eu quero comprar!

O dono da loja respondeu:
— Não, você não vai querer comprar este. Se quiser realmente ficar com ele, eu lhe dou de presente.

O menino emudeceu e, com os olhos marejados de lágrimas, olhou firme para o dono da loja e falou:

— Eu não quero que você o dê para mim. Esse cachorrinho vale tanto quanto qualquer um dos outros e eu vou pagar tudo. Na verdade, eu lhe dou 10 reais agora e 5 reais por mês, até completar o preço total.

Surpreso, o dono da loja contestou:
— Você não pode querer realmente comprar esse cachorrinho. Ele nunca vai poder correr, pular e brincar com você e com os outros cachorrinhos.

O menino ficou muito sério, abaixou-se e ergueu lentamente a perna esquerda da calça, deixando à mostra a prótese que usava para andar... E, olhando bem para o dono da loja, respondeu:
— Veja... não tenho uma perna... Eu não corro muito bem e o cachorrinho vai precisar de alguém que entenda isso.

— Às vezes desprezamos as pessoas com quem convivemos todos os dias por causa dos seus "defeitos", quando na verdade somos tão iguais ou pior do que elas. Desconsideramos que essas mesmas pessoas precisam apenas de alguém que as compreenda e as ame, não pelo que elas poderiam fazer, mas pelo que realmente são. Amar a todos é difícil, mas não impossível.

Reflexão:
Nunca saberei o suficiente para que em algum momento de minha vida eu deixe de ser aprendiz.

6. A águia que não sabia voar

Objetivo:
Conduzir a vida de cabeça erguida,
sempre respeitando os outros, e nunca com medo!

Um camponês criou um filhotinho de águia junto com suas galinhas. Tratava-a da mesma maneira que tratava as galinhas, de modo que ela pensasse que também era uma galinha. Dava a mesma comida, jogada ao chão, a mesma água num bebedouro rente ao solo e a fazia ciscar para complementar a alimentação, como uma galinha. E a águia passou a se portar como se fosse uma galinha.

Certo dia, passou por sua casa um naturalista, que, vendo a águia ciscando no chão, foi falar com o camponês:
— Isso não é uma galinha, é uma águia!
— Agora ela não é mais uma águia, agora ela é uma galinha! — retrucou o camponês.
— Não, uma águia é sempre uma águia. Vamos ver uma coisa... — insistiu o naturalista.

Levou-a para cima da casa do camponês, elevou-a nos braços e disse:
— Voe, você é uma águia, assuma sua natureza!

Mas a águia não voou, e o camponês confirmou:
— Eu não falei que ela agora era uma galinha?
— Amanhã, veremos... — retrucou o naturalista.

No dia seguinte, logo de manhã, eles subiram até o alto de uma montanha.

O naturalista levantou a águia e falou:

— Águia, veja este horizonte, veja o sol lá em cima e os campos verdes lá embaixo. Veja, todas estas nuvens podem ser suas. Desperte para sua natureza, e voe como águia que é...

A águia começou a ver tudo aquilo e foi ficando maravilhada com a beleza das coisas que nunca tinha visto. Ficou um pouco confusa no início, sem entender porque tinha ficado tanto tempo alienada. Então sentiu seu sangue de águia correr nas veias, perfilou devagar suas asas e partiu num vôo lindo, até que desapareceu no horizonte azul.

Reflexão:
*Às vezes, as pessoas são criadas como se fossem
a galinha da história, porém elas são águias.
Por isso, todos podem voar, se quiserem.
Voe cada vez mais alto, não se contente
com os grãos que lhe jogam para ciscar.*

7. Preparar-se é preciso

Objetivo:
Mostrar que a organização é necessária para a resolução dos conflitos.

Numa cidade havia um grupo de jovens muito ativo, alegre, que sempre se colocava a serviço da comunidade. Esse grupo foi crescendo em número, porém não se organizava na questão da qualidade. Os coordenadores do grupo não participavam das formações disponibilizadas pela paróquia ou diocese. Em meio a tantas atividades, festas, celebrações, danças, visitas, jogos, gincanas, o grupo foi perdendo sua originalidade e aos poucos foi esquecendo seus objetivos. Os conflitos começaram a aparecer: no próprio grupo, entre os seus membros, na comunidade, com o padre. Alguns membros ficaram muito desanimados e desmotivados a continuar no grupo e foram se afastando. Até mesmo o padre questionou alguns deles a respeito da queda do grupo, que era tão forte, animado e motivado. Alguns "heróis" da resistência tentaram lutar contra a decadência, sem sucesso.

Passado algum tempo, chegou uma pessoa na comunidade que começou a mostrar o grande potencial que os jovens tinham, o qual podia fazer com que o grupo se reunisse novamente. Os jovens voltaram a se animar. Marcaram reuniões com os coordenadores e com esse novo líder. Reestruturaram-se e perceberam que o grupo começou a desmoronar por falta de liderança, uma "injeção" de ânimo.

Um ano depois, o grupo estava bem organizado, com diversos membros. Os coordenadores tiveram de participar de encontros de formação para se preparar para esta nova etapa do grupo. Juntos, com garra, coragem, animados e com muita criatividade, enfrentaram as adversidades que surgiram pelo caminho.

Reflexão:
Todos nós temos um potencial muito grande, só precisamos nos organizar e nos preparar para o trabalho em grupo.

8. O camundongo

Objetivo:
Devemos sempre caminhar olhando para frente, aprendendo a enfrentar as adversidades da vida.

Diz uma antiga fábula que um camundongo vivia angustiado com medo do gato.

Um mágico teve pena dele e o transformou em gato. Aí, ele ficou com medo do cão, por isso o mágico o transformou em pantera. E então ele começou a temer os caçadores.

A essa altura o mágico desistiu. Transformou-o em camundongo novamente e disse:

— Nada que eu faça por você vai ajudá-lo, porque você tem apenas a coragem de um camundongo. É preciso coragem para romper com o projeto que nos é imposto. Mas saiba que coragem não é ausência de medo, e sim a capacidade de avançar, apesar do medo; caminhar para frente e enfrentar as adversidades, vencendo os medos...

Reflexão:
É isso que devemos fazer. Não podemos nos sentir derrotados, nos entregar ao medo. Assim, jamais chegaremos aos lugares que tanto almejamos em nossas vidas.

9. Os três filhos

Objetivo:
Perceber que se pode buscar a educação em diversos lugares, mas se aprende muito mais com a vida.

Havia um homem muito rico, chamado Augusto. Possuía muitas propriedades e era muito temido e conhecido por todos da região. Augusto era casado com Raquel, que era muito paciente, caridosa, carinhosa, mulher de muitas qualidades e admirada por todos. O casal tinha três filhos.

Quando os filhos cresceram, Augusto mandou-os estudar no exterior, pois achava que a educação nos países estrangeiros seria a melhor opção para seus filhos. Pensava que seriam mais inteligentes e assim manteriam o patrimônio da família. À medida que iam terminando os estudos, voltavam para casa e assumiam funções de destaque nas fazendas e empresas da família.

O pai, muito rígido, orientava-os e não admitia que eles falhassem. A mãe, porém, sempre ressaltava, em sua bondade, a importância do diálogo, da compreensão, mas a sua opinião pouco importava para aquele homem hostil. Os dois filhos mais velhos, Gerson e Henrique, que já haviam voltado do exterior, seguiam os passos do pai. O filho mais novo, Cássio, ao retornar para casa, também foi trabalhar com o pai e os irmãos, mas tinha idéias diferentes das do seu pai. Assim que começou a trabalhar, o seu comportamento diferente foi logo notado por todos. Ao contrário de seus irmãos, ele conversava com os funcionários e não gritava, tratava-os como semelhantes, não os repreendia, perguntava antes de tomar as decisões. Tais atitudes incomodavam o pai e seus irmãos. A mãe, por sua vez, sentia-se realizada e feliz, pois esse filho herdara a sua paciência, generosidade e carinho.

Um dia, cansado da atitude do filho, o pai resolveu questioná-lo:

— Por que você é diferente do Gerson e do Henrique? Você teve a mesma formação, os mesmos luxos, gastei igualmente com todos, mas você é o oposto deles.

Cássio respondeu:
— Pai, tive tudo o que eles tiveram, mas o Gerson e o Henrique herdaram a sua forma de agir, pensar e acreditar; eu, não. Aprendi um outro comportamento, o da mamãe, e aprendi muito com a vida. Acredito ser esses comportamentos os mais corretos. Sabe, pai, quando você me dava uma piscina, nossos empregados tinham os rios, os mares, os açudes para nadar. Enquanto eu tinha um bosque, eles tinham toda a mata: se eu tinha um bonito quintal, eles tinham todas as planícies da Terra. Descobri, e acredito nisso, que nossos empregados são mais ricos do que nós, pois podem não ter o poder, mas têm um tesouro muito especial: estão em paz consigo e com os amigos.

A partir da reflexão do filho, Augusto começou a notar que Cássio, seu filho mais novo, era muito querido, que as pessoas o respeitavam não por ele ser o filho do dono, mas por ser compreensivo, amigo, paciente. Augusto, a partir desse momento, mudou seu comportamento e pôde perceber como sua família, seus empregados e todas as pessoas que o rodeavam ficaram muito mais felizes.

Reflexão:
Muitas vezes busca-se em lugares distantes
o que sempre esteve dentro de nós.

10. Refletir é preciso

Objetivo:
Ajudar o grupo e a pessoa a refletir sobre as dificuldades, para planejar melhor e não desanimar diante dos obstáculos da vida.

Luara era uma cobra que vivia questionando os problemas do seu mundo. Ora questionava o rei Felipe (rei dos animais), ora questionava os animais. Não entendia por que as coisas saíam erradas, por que tudo era difícil. E um dia resolveu falar sério com o rei sobre isso:

— Rei, dizem que sois tão inteligente, tão importante, tendes tantos poderes, mas o mundo que fala tanto em vós vive uma crise muito grande: guerra, fome, miséria, traição, ninguém se entende. Por que isso acontece, ó grande rei?

O rei Felipe ouviu atentamente e respondeu:

— Se queres que eu me atenha a esses problemas, deverás ofertar três coisas. Quero que me tragas uma cabaça cheia de mel e um ninho de pássaros recém-nascidos; aí eu vejo o que posso fazer.

Então a cobra voltou e começou a se perguntar como faria para cumprir as três tarefas. Pensou muito e descobriu uma forma de ir até a colméia com a cabaça e recolher o mel que as abelhas produziam. Depois, pensou no que faria para tirar, sem ninguém perceber, o ninho dos pássaros recém-nascidos.

— E agora, como farei para levar todos esses presentes? E a terceira tarefa? O rei Felipe não me disse qual era, mas vou voltar mesmo assim. Mas como vou chegar ao palácio?

Luara parou, analisou e foi até a aranha-rainha:

— Dizem que só com as tuas teias não és capaz de chegar ao palácio do rei Felipe, elas não agüentariam, são fracas.

Ferida em seu orgulho, a aranha retrucou:

— Posso chegar aonde eu quiser.

— Então vamos ao rei — disse a cobra —, para provar a todos que duvidam de ti; e para termos plena certeza de que ele nos receberá, levemos todos estes presentes.

A aranha, depois de alguns dias, falou à cobra:

— Consegui fazer uma enorme teia que vai até o palácio.

Chegando ao palácio, a cobra chamou o rei e entregou-lhe todos os presentes. O rei Felipe perguntou a ela como fizera para chegar até lá levando consigo as ofertas. E a cobra respondeu:

— Bem, meu rei, foi muito difícil, mas quando parei para refletir, tudo ficou bem mais fácil.

Então o rei lhe disse:

— Vai, minha pequena cobra. Diz aos teus companheiros que reflitam, pois o que falta ao teu povo não é inteligência, e sim reflexão. Vai, diz a todos que é preciso refletir, pois esta era a tua terceira prova.

Reflexão:
É preciso refletir, ouvir,
analisar cada ato,
pois só assim teremos mais chances de acertar
e saber quando erramos.

11. Um presente especial

Objetivo:
Trabalhar é preciso, porém devemos dar mais valor às pessoas do que às coisas materiais.

Havia uma jovem muito rica, que tinha tudo: um marido maravilhoso, filhos perfeitos, um emprego que lhe remunerava muitíssimo bem, uma família unida. No entanto, ela não conseguia conciliar tudo isso. O trabalho e os afazeres ocupavam-lhe todo o tempo e a sua vida estava deficitária em algumas áreas. Seu trabalho lhe consumia muito tempo, tirando até o tempo que lhe sobrava para os filhos. Daí surgiam os problemas. Ela não se preocupava mais com o marido... As pessoas que ela amava eram sempre deixadas para depois...

Um dia seu pai, um homem muito sábio, deu-lhe de presente uma flor muito cara e única em todo o mundo. E disse à filha:

— Esta flor vai ajudá-la muito mais do que você imagina! Você terá apenas de regá-la e podá-la de vez em quando, e às vezes também conversar um pouquinho com ela, e ela lhe dará em troca esse perfume maravilhoso e essas lindas flores.

A jovem ficou muito emocionada; afinal a flor era de uma beleza sem igual. Mas o tempo foi passando, os problemas surgiam, o trabalho consumia todo o seu tempo, a sua vida continuava confusa, não lhe permitindo, assim, cuidar da flor.

Ela chegava em casa, olhava a planta e as flores ainda estavam lá, não mostravam sinal de fraqueza ou morte, apenas estavam lá, lindas, perfumadas. Então ela passava direto. Até que um dia, sem mais nem menos, a flor morreu. Quando chegou em casa, levou um susto! Estava completamente morta, sua raiz estava ressecada, suas flores, caídas e suas folhas, secas. A jovem chorou muito e contou a seu pai o que havia acontecido.

Seu pai então falou:
— Eu já imaginava que isso aconteceria, e eu não posso lhe dar outra flor, porque não existe outra igual a essa; ela era única, assim como seus filhos, seu marido e sua família. Todos são bênçãos que o Senhor lhe deu, mas você tem de aprender a regá-los, podá-los e dar atenção a eles, pois assim como a flor, os sentimentos também morrem. Você se acostumou a ver a flor sempre lá, sempre florida, sempre perfumada, e esqueceu-se de cuidar dela.

Reflexão:
Cuide das pessoas que você ama!

12. A verdade

Objetivo:
Perceber que existem muitas maneiras de dizer a mesma coisa sem ferir as pessoas.

Certa vez um sultão sonhou que havia perdido todos os dentes. Ele acordou assustado e mandou chamar um sábio para que lhe interpretasse o sonho.

— Que desgraça, senhor! — exclamou o sábio. — Cada dente caído representa a perda de um parente de vossa majestade!

— Mas que insolente — gritou o sultão. — Como se atreve a dizer tal coisa?!

Então, ele chamou os guardas e mandou que lhe dessem cem chicotadas. Mandou também que chamassem outro sábio para interpretar o mesmo sonho. E o outro sábio disse:

— Senhor, uma grande felicidade vos está reservada! O sonho indica que ireis viver mais que todos os vossos parentes!

A fisionomia do sultão iluminou-se e ele mandou dar cem moedas de ouro ao sábio. Quando este saía do palácio, um cortesão perguntou ao sábio:

— Como é possível? A interpretação que você fez foi a mesma do seu colega. No entanto, ele levou chicotadas e você, moedas de ouro!

— Lembre-se sempre, amigo — respondeu o sábio —, tudo depende da forma de dizer as coisas... e esse é um dos grandes desafios da humanidade. É daí que vem a felicidade ou a desgraça, a paz ou a guerra.

A verdade sempre deve ser dita, não resta a menor dúvida, mas a forma como ela é dita... é que faz a diferença.

Reflexão:
*A verdade deve ser comparada a uma pedra preciosa.
Se a lançarmos no rosto de alguém, pode ferir, provocando
revolta. Mas se a envolvermos numa delicada embalagem
e a oferecermos com ternura, certamente será aceita e apreciada.*

13. Quem é seu amigo?

Objetivo:
A amizade é fundamental em nossa vida.
Devemos refletir sobre a importância da amizade no dia-a-dia.

Certa vez um soldado disse ao seu tenente:
— Meu amigo não voltou do campo de batalha, senhor, solicito permissão para ir buscá-lo.
— Permissão negada — replicou o oficial. — Não quero que arrisque a sua vida por um homem que provavelmente está morto.

O soldado, ignorando a proibição, saiu, e uma hora mais tarde regressou, mortalmente ferido, transportando o cadáver de seu amigo. O oficial estava furioso:
— Já tinha dito que ele estava morto!!! Agora eu perdi dois homens! Diga-me: valeu a pena trazer um cadáver?

E o soldado, moribundo, respondeu:
— Claro que sim, senhor! Quando o encontrei, ele ainda estava vivo e pôde me dizer: "Tinha certeza de que você viria!".

Reflexão:
Amigo é aquele que chega quando todos já se foram,
por isso não podemos deixar de ser amigo.
Certamente tem alguém
esperando você chegar para socorrê-lo.
Pense nisso.

14. Jogada de *marketing*

Objetivo:
Ajudar as pessoas a pensar como fazer o outro feliz.

Nos Estados Unidos, a frente da maioria das residências tem por tradição um lindo gramado e diversos jardineiros autônomos para fazer aparos nesses jardins.

Um dia, um executivo de *marketing* de uma grande empresa americana contratou um desses jardineiros.

Chegando em sua casa, o executivo viu que estava contratando um garoto de apenas 16 anos; mas como já estava contratado, pediu para que o rapaz executasse o serviço. Quando havia terminado, o garoto solicitou ao executivo a permissão para utilizar o telefone, no que foi prontamente atendido. Contudo, o executivo não pôde deixar de ouvir a conversa. O jovem havia ligado para uma senhora e perguntado:

— A senhora está precisando de um jardineiro?
— Não. Eu já tenho um — respondeu ela.
— Mas além de aparar, eu também tiro o lixo.
— Isso o meu jardineiro também faz — disse a senhora.
— Eu limpo e lubrifico todas as ferramentas no final do serviço — remendou ele.
— Mas o meu jardineiro também o faz.
— Eu faço a programação de atendimento o mais rápido possível.
— Não, o meu jardineiro também me atende prontamente.
— Meu preço é um dos melhores — arriscou o rapaz.
— Não, muito obrigada! O preço do meu jardineiro também é muito bom — disse ela.

Desligando o telefone, o executivo lhe disse:
— Meu rapaz, você perdeu um cliente.
— Não — respondeu o garoto. — Eu sou o jardineiro dela. Apenas estava medindo o quanto ela estava satisfeita.

Reflexão:
Quando fazemos as coisas bem feitas,
as pessoas sentem-se satisfeitas e não querem nos trocar,
assim nos sentiremos realizados e felizes.

15. O pedreiro

Objetivo:
*Precisamos fazer as coisas com qualidade,
pois, do contrário, seremos nós os prejudicados.
Nós só podemos dar aquilo que temos e o que fazemos;
mesmo aquilo que seja para o outro acaba nos beneficiando,
pois a experiência e o conhecimento são de quem o fez.*

Um velho pedreiro estava para se aposentar. Ele informou ao chefe o seu desejo de afastar-se do trabalho e passar mais tempo com sua família. Disse ainda que sentiria falta do salário, mas realmente queria a aposentadoria.

A empresa não seria muito afetada com a saída do pedreiro, mas o chefe estava triste por ver um bom funcionário partindo, e pediu ao pedreiro que trabalhasse em mais um projeto como um favor.

O pedreiro não gostou, mas acabou concordando. Ficou evidente que ele não estava entusiasmado com a idéia. Assim ele prosseguiu, fazendo um trabalho de segunda qualidade e usando materiais inadequados. Uma forma negativa de terminar a carreira.

Quando acabou, o chefe veio fazer a verificação da casa construída, depois deu a chave da casa ao pedreiro e disse:

— Esta é a sua casa. Ela é o meu presente para você.

O pedreiro ficou muito surpreendido. Que pena! Se ele soubesse que estava construindo a própria casa, teria feito tudo diferente.

Você é o pedreiro, todo dia martela pregos, ajusta tábuas e constrói paredes. Alguém já lhe disse que a vida é um projeto que você mesmo constrói?

Suas atitudes e escolhas de hoje estão construindo a "casa" em que vai morar amanhã. Portanto construa com sabedoria e lembre-se: trabalhe como se não precisasse do dinheiro, ame como se nunca tivesse sido magoado antes, dance como se ninguém estivesse olhando e, acima de tudo, faça o bem ao seu próximo, seja feliz e ame cada vez mais...

Reflexão:
Às vezes acontece conosco: construímos nossa vida,
um dia de cada vez e, muitas vezes,
fazendo menos do que o melhor possível na sua construção.
Depois, com surpresa, descobrimos que precisamos viver
na casa que nós mesmos construímos.

16. A tigela de madeira

Objetivo:
Perceber que devemos tratar as pessoas como elas são, sem discriminá-las, pois todos têm valor.

Um senhor idoso foi morar com seu filho, nora e o netinho de 4 anos. As mãos do velho eram trêmulas, sua visão, embaçada e seus passos, vacilantes.

A família comia reunida à mesa. Mas as mãos trêmulas e a visão falha do avô o atrapalhavam na hora de comer. Ervilhas rolavam de sua colher e caíam no chão. Quando pegava o copo, leite era derramado na toalha da mesa. O filho e a nora irritaram-se com a bagunça.

— Precisamos tomar uma providência com respeito ao meu pai — disse o filho.

— Já tivemos leite derramado suficiente, barulho de gente comendo com a boca aberta e comida pelo chão.

Então, eles decidiram colocar uma pequena mesa num cantinho da cozinha. Ali, o avô comia sozinho, enquanto o restante da família fazia as refeições à mesa, com satisfação. Sua comida agora era servida numa tigela de madeira.

Quando a família olhava para o avô sentado ali sozinho, às vezes viam lágrimas em seus olhos. Mesmo assim, as únicas palavras que lhe diziam eram admoestações ásperas quando ele deixava um talher ou comida cair ao chão.

O menino assistia a tudo em silêncio. Uma noite, antes do jantar, o pai percebeu que o filho pequeno estava no chão, manu-

seando pedaços de madeira. Ele perguntou delicadamente à criança:
— O que você está fazendo?

E o menino respondeu docemente:
— Oh, estou fazendo uma tigela para você e mamãe comerem, quando eu crescer.

O garoto sorriu e voltou ao trabalho.

Aquelas palavras tiveram um impacto muito grande nos pais. Ficaram mudos. Então lágrimas começaram a escorrer de seus olhos. Embora ninguém tivesse falado nada, ambos sabiam o que precisava ser feito. Naquela noite, o pai tomou o avô pelas mãos e gentilmente o conduziu à mesa da família.

Desse dia em diante e até o final de seus dias, ele comeu todas as refeições com a família. E por alguma razão, a família não se importava mais quando um garfo caía, o leite era derramado ou a toalha da mesa ficava suja.

Reflexão:

- *Não importa o que aconteça, ou quão ruim pareça o dia de hoje, a vida continua e amanhã será melhor.*
- *Não importa o tipo de relacionamento que tenha com seus pais, você sentirá falta deles quando partirem.*
- *"Saber ganhar" a vida não é a mesma coisa que "saber vivê-la".*
- *A vida, às vezes, nos dá uma segunda chance.*
- *Viver não é só receber, é também dar.*
- *Se você procurar a felicidade, vai se iludir, mas se focalizar a atenção na família, nos amigos, nas necessidades dos outros, no trabalho e procurar fazer o melhor, a felicidade vai encontrá-lo.*
- *Sempre que decidir algo com o coração aberto, geralmente dará certo.*

- *Quando sentimos dores, não precisamos ser uma dor para os outros.*
- *Diariamente precisamos alcançar e tocar alguém. As pessoas gostam de um toque humano — segurar na mão, receber um abraço afetuoso, ou simplesmente um tapinha amigável nas costas.*
- *Ainda se tem muito o que aprender.*
- *Devemos passar essa mensagem para todos os nossos amigos. Às vezes eles precisam de algo para iluminar seu dia. As pessoas podem se esquecer do que você disse, do que você fez... Mas nunca esquecerão como você as tratou.*

17. A transformação

Objetivo:
Mostrar que devemos enfrentar os desafios da vida com paciência, pois só assim teremos uma transformação plena e eficaz.

A transformação do milho duro em pipoca macia é símbolo da grande transformação pela qual deve passar o ser humano, para que venha a ser aquilo que deve ser. O milho da pipoca não é o que deve ser. Ele deve ser aquilo que acontece depois do estouro.

O milho da pipoca somos nós: duros, "quebra-dentes", impróprios para comer. Pelo poder do fogo, podemos, repentinamente, nos transformar em outra coisa. Milho de pipoca que não passa pelo fogo continua a ser milho de pipoca para sempre.

Assim acontece conosco. As grandes transformações acontecem quando passamos pelo fogo. Quem não passa pelo fogo fica do mesmo jeito a vida inteira. São pessoas de uma mesmice e uma dureza assombrosas. Só que não percebem. Acham que o seu jeito de ser é o melhor.

Mas, de repente, vem o fogo. O fogo é o momento em que a vida nos lança numa situação que nunca imaginamos. Dor... pode ser fogo de fora: perder um amor, perder um filho, o pai, adoecer, perder o emprego, empobrecer. Pode ser fogo de dentro: pânico, medo, ansiedade, depressão, sofrimentos cujas causas ignoramos.

Há sempre o recurso do remédio: apagar o fogo. Sem fogo o sofrimento diminui, e com isso vem a possibilidade da grande transformação. Imagine que a pobre pipoca, fechada dentro da panela, ficando cada vez mais quente, pensa que sua hora chegou:

vai morrer. Dentro de sua casca dura, fechada em si mesma, ela não pode imaginar destino diferente. Não pode imaginar a transformação que lhe está sendo preparada. A pipoca não tem idéia do que é capaz. Aí, sem aviso prévio, pelo poder do fogo, a grande transformação acontece. PUM! E ela aparece completamente diferente, algo que ela mesma nunca havia sonhado.

Bom, mas ainda temos o piruá, que é o milho de pipoca que se recusa a estourar. São aquelas pessoas que, por mais aquecidas que estejam, se recusam a mudar. Elas acham que não pode existir coisa mais maravilhosa do que sua forma de ser.

A presunção e o medo são a dura casaca de milho que não estoura. O destino delas é triste. Ficarão duras a vida inteira. Não vão se transformar na flor branca e macia. Não vão dar alegria a ninguém. Terminado o estouro alegre da pipoca, no fundo da panela ficam os piruás que não servem para nada. Seu destino é o lixo...

Reflexão:
E você o que é? Um milho de pipoca ou um piruá?
Assim como o milho de pipoca precisa de paciência para poder se transformar, também nós precisamos ser pacientes.

18. Humildade e gentileza

Objetivo:
Devemos dar às pessoas sem a intenção de querer algo em troca, pois, sendo humildes, conquistaremos tudo o que quisermos.

Ele quase não viu a senhora com o carro parado no acostamento. Mas percebeu que ela precisava de ajuda. Parou seu carro e se aproximou.

O carro dela cheirava a tinta, de tão novinho. Mesmo com o sorriso que ele estampava na face, ela ficou preocupada. Ninguém tinha parado para ajudar durante a última hora. Ele iria aprontar alguma? Ele não parecia seguro, e sim pobre e faminto.

Vendo que ela estava com muito medo, o rapaz disse:
— Eu estou aqui para ajudar, madame. Por que não espera no carro onde está quentinho? A propósito, meu nome é Ricardo.

Bem, tudo que ela tinha era um pneu furado, mas para uma senhora era ruim o bastante. Ricardo abaixou-se, colocou o macaco e levantou o carro. Logo ele já estava trocando o pneu. No entanto, ele ficou um pouco sujo e ainda feriu uma das mãos. Enquanto ele apertava as porcas da roda, ela abriu a janela e começou a conversar com ele.

Contou que era de São Paulo e só estava de passagem por ali; não sabia como agradecer pela preciosa ajuda. Ricardo apenas sorriu enquanto se levantava.

Ela perguntou quanto devia. Qualquer quantia teria sido muito pouco para ela. Já tinha imaginado todas as terríveis coisas que poderiam ter acontecido, se Ricardo não tivesse parado.

Ricardo não pensava em dinheiro. Aquilo não era o seu trabalho nem um trabalho para ele. Gostava de ajudar quando alguém tinha necessidade e Deus já o ajudara bastante. Este era seu modo de viver, e nunca lhe ocorreu agir de outra forma.

Ele respondeu:

— Se realmente quiser me reembolsar, da próxima vez que encontrar alguém precisando de ajuda, dê a essa pessoa a ajuda de que precisar.

E acrescentou:

— ... E pense em mim.

Ele esperou até que ela saísse com o carro, e também se foi. Tinha sido um dia frio e deprimido, mas ele se sentia bem, indo para casa, desaparecendo no crepúsculo.

Alguns quilômetros abaixo, a senhora encontrou um pequeno restaurante. Entrou para comer alguma coisa. Era um restaurante sujo. A cena inteira era estranha para ela.

A garçonete veio até ela e trouxe-lhe uma toalha limpa para que pudesse esfregar e secar o cabelo molhado e lhe dirigiu um doce sorriso, um sorriso que nem mesmo a dor de seus pés por um dia inteiro de trabalho não pôde apagar.

A senhora notou que a garçonete estava com quase oito meses de gravidez, e não deixou a tensão e as dores mudarem sua atitude. A senhora ficou curiosa em saber como alguém que tinha tão pouco podia tratar tão bem um estranho. Então se lembrou de Ricardo.

Depois que terminou a refeição, enquanto a garçonete buscava troco para a nota de cem reais, a senhora se retirou.

Já tinha partido quando a garçonete voltou. Esta ainda queria saber onde a senhora teria ido quando notou algo escrito no guardanapo, sob o qual havia mais quatro notas de cem reais.

Lágrimas rolaram de seus olhos, quando leu o que a senhora escrevera. Dizia: "Você não me deve nada, eu já tenho o bastante. Alguém me ajudou uma vez, e da mesma forma estou ajudando-a. Se você realmente quiser me reembolsar, não deixe este círculo de amor terminar com você".

Bem, havia mesas para limpar, açucareiros para encher e pessoas para servir.

Aquela noite, quando foi para casa e deitou-se na cama, ficou pensando no dinheiro e no que a senhora escrevera. Como pôde aquela senhora saber o quanto ela e o marido precisavam disso? Com o bebê chegando no próximo mês, como estava difícil! Ela deitou na cama, ao lado do seu preocupado marido que dormia, e disse-lhe:

— Tudo ficará bem. Eu te amo, Ricardo...

Reflexão:
Quando você tiver um grande problema,
não vá contá-lo a Deus... Vá até o problema e diga a ele
que você tem um grande Deus...

19. Atitude é tudo

Objetivo:
*Refletir sobre como vivemos,
cuidamos e aceitamos a nossa condição de vida.*

Um dia, um pai de família rica, levou seu filho mais novo a uma viagem pelo país, com o firme propósito de mostrar a ele como as pessoas pobres vivem.

Eles passaram um dia e uma noite num sítio de uma família muito pobre. Quando voltaram da viagem, seu pai lhe perguntou:
— Como foi a viagem, filho?
— Muito boa, papai!
— Você viu como as pessoas pobres vivem? — perguntou o pai.
— Sim! — disse o filho.
— E o que você aprendeu, meu filho?
— Eu notei que nós temos um cachorro em casa e eles têm quatro. Nós temos uma piscina que alcança o meio do terreno, eles têm um riacho que não tem fim. Nós temos abajures importados no jardim, eles têm as estrelas. Nosso terreno é do tamanho do quarteirão, o deles é do tamanho do horizonte — refletiu o filho.

Com o pai quase sem fala, a criança acrescentou:
— Papai, isso me mostrou como nós somos pobres!

Reflexão:
*Não é verdade que tudo depende da maneira como olhamos as coisas? Se você tem amor, amigos, família, saúde, bom humor e uma atitude positiva em relação à vida, você tem tudo!
Você não pode comprar nenhuma dessas coisas.
Você pode ter todas as posses materiais que puder imaginar, provisões para o futuro etc., mas se você for pobre de espírito, você não tem nada!
Que essa mensagem nos faça refletir
um pouco sobre as nossas atitudes diárias.*

20. Um amigo

Objetivo:
Refletir sobre a importância e o valor da amizade.

Marcos estava voltando para casa depois da aula, quando viu que o garoto que andava à sua frente tropeçou e deixou cair todos os livros que carregava: uma luva de goleiro e um pequeno *walkman*.

Marcos ajoelhou-se e ajudou o garoto a pegar os seus objetos, que estavam esparramados pelo chão. Já que eles iam na mesma direção, Marcos ajudou-o a carregar alguns dos objetos.

Enquanto caminhavam, Marcos descobriu que o nome do garoto era Beto, que ele adorava videogame, futebol e história, que ele estava tendo muita dificuldade com as outras matérias e que tinha acabado de se separar da namorada.

Eles chegaram à casa de Beto primeiro, e Marcos foi convidado a entrar para tomar um refrigerante e assistir a um pouco de televisão. A tarde passou agradavelmente, com algumas risadas e um papinho de vez em quando, até que Marcos decidiu ir para casa.

Eles continuaram a se encontrar na escola, às vezes almoçavam juntos, até que se formaram, indo para o colegial. Eles ficaram na mesma escola e, com passar dos anos, continuaram amigos .

Finalmente o tão esperado ano do terceiro colegial chegou ao fim, e três semanas antes da formatura, Beto chamou Marcos para conversar. Beto lembrou a Marcos o dia, anos atrás, em que se conheceram e perguntou:

— Você nunca se perguntou por que eu estava carregando tantas coisas para a minha casa naquele dia?

— Eu estava limpando o meu armário da escola para não deixá-lo bagunçado para a próxima pessoa que fosse usá-lo. Naquele dia, eu tinha escondido alguns dos calmantes da minha mãe e estava indo para casa para cometer suicídio. Mas depois de termos passado aquele dia juntos, conversando e rindo, percebi que se eu tivesse me matado, eu teria perdido aquele momento e tantos outros que estariam por vir. Então, você está vendo, Marcos, que quando me ajudou a pegar aqueles livros do chão, naquele dia, você fez muito mais do que somente me ajudar. Você salvou a minha vida...

Reflexão:
Cada pequeno "olá", cada pequeno sorriso, cada pequena ajuda é capaz de salvar um coração machucado.
Há um milagre chamado "amizade".
Você não sabe como ela aconteceu ou quando começou, mas sabe a alegria que ela traz e percebe que a "amizade" é um dos dons mais preciosos que Deus nos concedeu.
Quem descobriu um amigo encontrou um tesouro.
Portanto nunca podemos desprezar uma amizade.

21. A pedra

Objetivo:
Despertar para as necessidades daqueles que estão à nossa volta.

Um jovem e bem-sucedido executivo dirigia em alta velocidade seu novo carro importado. De repente, uma pedra bateu com muita força na porta lateral do automóvel. Ele freou bruscamente e deu marcha a ré até o lugar de onde teria vindo a pedra. Desceu do carro e viu uma criança, empurrou-a contra um veículo estacionado e gritou:

— Por que fez isso? Quem é você? Que besteira você pensa que está fazendo? Este é um carro novo e caro. Aquela pedra que você jogou vai me custar muito dinheiro. Por que você fez isso?

— Por favor, senhor, me desculpe, eu não sabia mais o que fazer! — implorou o pequeno. — Ninguém estava disposto a parar e me socorrer — lágrimas corriam do rosto do garoto, enquanto apontava na direção dos carros estacionados.

— Meu irmão desceu sem freio, caiu de sua cadeira de rodas e não consigo levantá-lo.

Soluçando, o menino perguntou ao jovem executivo:

— O senhor poderia me ajudar a recolocá-lo em sua cadeira de rodas? Ele está machucado e é muito pesado para mim.

Movido internamente pelas palavras, o jovem, engolindo "um imenso nó", dirigiu-se ao jovenzinho, colocando-o em sua cadeira de rodas. Tirou seu lenço, limpou as feridas e arranhões, verificando se tudo estava bem.

— Obrigado, e que Deus possa abençoá-lo — agradeceu a criança.

O homem viu então o menino se distanciar... empurrando o irmão em direção à casa.

Foi um longo caminho até o carro... um longo e lento caminho de volta.

Ele nunca consertou a porta amassada. Deixou-a assim para se lembrar de não ir tão rápido pela vida. Caso alguém precisasse de sua atenção, não teria mais de atirar uma pedra para obtê-la...

Reflexão:
Deus fala ao nosso coração. Devemos, antes de criticar ou agredir, verificar o que está acontecendo e o porquê.

22. A vida é tecida de sonhos

Objetivo:
Mostrar que o otimismo e a força de vontade são as maiores armas para se lutar pela vida. Devemos buscar sempre o melhor para nós e partilhar com os familiares e amigos.

Natanael era um menino muito triste. Desde que nasceu tinha sérios problemas de saúde e por causa disso não conseguia ter uma vida igual à dos demais meninos da sua idade. Ele freqüentava a escola com muita dificuldade. Mesmo se esforçando ao máximo, foi reprovado vários anos na escola. Aos dez anos, ainda estava cursando a 2ª série, e para entristecê-lo mais, os colegas da sua idade já estavam concluindo o primário. No dia da formatura de seus amigos, Natanael ficou em prantos, não havia se sentido bem na noite anterior e, durante o evento, descobriu que todos eles tinham um sonho: quando crescessem seriam alguém na vida, teriam uma profissão, e ele, não, nunca pensou nisso nem em sua vocação.

A mãe, vendo o desespero de seu filho, perguntou:

— Natanael, meu filho, por que tanta tristeza? Você ainda é muito menino, sei como se sente, mas um dia você chegará lá.

Natanael não se conformou com as palavras da mãe, continuou muito triste e decidiu que não freqüentaria mais as aulas, pois não se sentia motivado. Sua mãe não sabia mais o que fazer para estimulá-lo; todas as tentativas foram em vão. Até que um dia, estando ela numa celebração em sua comunidade, na hora dos avisos finais, a comentarista disse que já havia iniciado as inscrições para a catequese. Ao término da celebração, ela se dirigiu à secretaria e inscreveu seu filho. Mas antes de o menino começar os encontros, ela foi conhecer os seus catequistas e explicar a situação dele. Então, com muito esforço e ajuda dos catequistas, ela conseguiu levar Natanael para a catequese.

No primeiro encontro, Natanael descobriu que havia várias pessoas como ele e que cada um era especial. No segundo encontro, soube que todos são chamados para uma missão, e que as vocações podem surgir em diversos momentos da vida, porque Deus não escolhe hora nem local. No terceiro encontro, ficou muito feliz, pois descobriu que o seu nome era bíblico e que Natanael também foi chamado de modo especial. Mas, mesmo assim, ele se perguntava qual seria sua vocação, quando seria chamado. Um dia resolveu perguntar aos catequistas, e um deles respondeu:

— Natanael, isso já está dentro de você, é só parar e refletir. Existem coisas que precisam de persistência, não se pode desanimar na primeira queda. Que tal voltar a estudar e vencer esse desafio? Acredito que juntos podemos fazer isso!

Então Natanael voltou ao grupo escolar; e, mesmo doente, continuou dando o melhor de si. Passados alguns anos, ele já havia feito a primeira eucaristia e conseguiu terminar o curso primário.

Na adolescência, na fase da crisma, durante uma atividade em grupo, ele foi convidado a criar e contar uma história para o próximo encontro. No começo, ficou com receio, mas aceitou o desafio. Foi para casa, parou, analisou, planejou, escreveu várias histórias, leu vários livros. Quando chegou o dia de contar a história, resolveu caracterizar-se para não ser reconhecido e dar mais ênfase à história. Natanael surpreendeu a todos. Ao terminar, queriam saber quem escreveu aquela história tão linda. Sua mãe, que estava presente e muito emocionada, dizia às pessoas:

—Este é meu filho, minha razão de viver.

Nesse momento, Natanael tirou a fantasia, abraçou a mãe e disse:

— Hoje eu tenho certeza de que tudo o que vivi e tudo o que aprendi não foi em vão. Descobri que eu tenho um dom, uma vocação e não serão os tropeços que me farão desanimar, a minha história está apenas começando.

Reflexão:
*Todas as pessoas, independentemente
dos problemas e dificuldades,
são chamadas a uma vocação especial.
Pode demorar um pouco para descobri-la, mas,
se buscar com paciência, irá se surpreender,
pois para Deus nada é impossível.*

23. O jardineiro

Objetivo:
Ajudar as pessoas que estão próximas de nós a desabrocharem para a vida.

Quando imaginamos uma rosa, logo pensamos: "Que perfume maravilhoso, que suavidade e que delicadeza têm suas pétalas...".

O perfume que irradia por todo o ambiente tem valor. E o espinho também tem, pois protege a rosa de outros ataques, e para que ninguém a retire da roseira. E tem o principal: aquele que planta a semente, rega, a faz florescer e conseqüentemente desabrochar.

Numa manhã de verão, o sol brilhou bem cedinho e, como de costume, o jardineiro foi regar a sua roseira. Chegou com muita alegria, logo começou a conversar com as rosas e com os pequeninos botões que começavam a nascer.

Ainda estavam acordando, quando, com muito amor e delicadeza, o amável jardineiro começou a molhá-las com água bem fresquinha e cristalina, e elas começaram a rir e se deixaram banhar totalmente.

Contudo, um dos botões não queria que a água o molhasse, pois ainda não conseguia desabrochar e não deixava que as outras rosinhas o ajudassem.

O jardineiro então logo percebeu o que acontecia e com muito carinho perguntou:

— Você me deixa ajudá-lo?

O botão respondeu:

— Não consigo entender nem escutar o que fala.

Chorando, pediu que o ajudasse: ele queria desabrochar como os outros botões e também ser molhado pela água.

O jardineiro então começou a cantar para o botãozinho e o tocou. Logo em seguida, ele começou a desabrochar e tornou-se a mais bela rosa de toda a roseira; irradiava beleza e seu perfume inebriava a todos.

Reflexão:
Deixe-se amar e tocar por Deus
e por tudo que acontecer em sua vida.
Será regado no amor, plantado na mansidão
e colhido na fidelidade.

24. Para Deus nada é impossível

Objetivo:
Mostrar que, às vezes, questionamos Deus e não percebemos que tudo o que acontece conosco tem uma razão de ser.

Havia, em um reino distante, um rei que não acreditava em Deus. Entretanto, um serviçal tinha verdadeiro fascínio por Deus, e vivia dizendo:

— Meu senhor, como Deus é maravilhoso, como ele é bom! — porém nunca conseguia converter o rei.

Esse rei tinha o *hobby* de caçar, e todas as vezes que saía para caçar levava consigo o seu serviçal. Num determinado dia, eles foram pegos de surpresa por um bando de animais ferozes, que atacou o rei e comeu um de seus dedos. O rei ficou furioso, começou a xingar a Deus e culpou o serviçal, dizendo:

— Você está vendo, que Deus é esse? Se ele existisse, se me amasse, isso jamais teria acontecido.

O serviçal tentou explicar, mas não teve êxito. Então, mais furioso ainda, o rei mandou prendê-lo no calabouço por tempo indeterminado.

Passado algum tempo, o rei decidiu voltar à caça. Desta vez, convocou vários cavaleiros para acompanhá-lo. E para sua surpresa, foi atacado por uma tribo de índios selvagens. A tribo, ao saber que entre eles havia um rei, resolveu prendê-lo e oferecê-lo como sacrifício.

Com o rei preso, prepararam todo o encanto, e quando o feiticeiro da tribo viu que faltava um dedo na mão do rei, disse:

— Não, este homem não pode ser ofertado a Tupã. Somente podemos ofertar a Tupã o que é perfeito.

E soltou o rei, pois não poderia ser oferecido em sacrifício.

O rei ficou muito feliz. Voltou para o palácio e realizou uma grande festa. Lembrou-se do seu serviçal e mandou soltá-lo.

Durante a festa, ele agradeceu a Deus e pediu perdão ao serviçal, e ao final, perguntou a ele:

— Estou com uma dúvida. Agora que eu acredito no Deus de que você sempre falou, não entendo uma coisa: por que ele permitiu que eu prendesse você por tanto tempo, justamente você que sempre o defendeu?

Então sabiamente o serviçal respondeu:

— Se eu estivesse com o senhor, meu rei, eu não estaria aqui, teria sido sacrificado, pois não me falta membro algum.

Reflexão:
Às vezes ficamos tristes com os acontecimentos e questionamos a Deus, mas ele sempre está conosco, independentemente do que fazemos.

25. Ser feliz é tudo...

Objetivo:
Reconhecer, a partir da nossa realidade, a possibilidade de sermos felizes e fazermos os outros felizes.

Uma senhora de 92 anos, delicada, bem vestida, com o cabelo bem penteado, tudo numa composição perfeita, mesmo sendo totalmente cega, hoje se mudou para uma casa de repouso.

Seu marido havia falecido recentemente e por isso era necessário mudar-se.

Após algum tempo aguardando pacientemente na sala de espera, sorriu docemente quando lhe avisaram que o quarto estava pronto. Enquanto caminhava lentamente até o elevador, fizeram-lhe a descrição visual de seu pequeno quarto, incluindo as flores na cortina da janela.

— Eu adorei! — disse ela com o entusiasmo de uma garotinha de 8 anos que acabou de ganhar um presente.

— Mas, sra. Júlia, a senhora não conheceu o quarto...

— A felicidade é algo que você decide antes da hora. Se eu vou gostar do meu quarto ou não, não depende de como os móveis estão arranjados, e sim de como eu os arranjo em minha mente. E eu já me decidi a gostar dele...

E continuou...

— É uma decisão que tomo a cada manhã, quando acordo. Eu tenho uma escolha: posso passar o dia na cama, remoendo as dificuldades que tenho com as partes do meu corpo que não funcionam há muito tempo, ou posso sair da cama e ser grata por mais esse dia.

— Cada dia é um presente, e meus olhos se abrem para o novo dia das memórias felizes que armazenei...

— A velhice é como uma conta no banco... de onde você só retira o que colocou antes. Então, meu conselho para você é depositar muita felicidade na conta do banco das lembranças.

— E lhe agradeço por fazer parte da conta do meu banco de lembranças.

Reflexão:
Devemos fazer dos nossos dias um presente de Deus.
E sempre guardar os momentos marcantes da nossa vida
no banco das lembranças do nosso coração.

26. A mão amiga

Objetivo:
Ressaltar a presença amiga, sincera,
que proporciona segurança.
Se você não tem um familiar enfermo,
agradeça a Deus por isso,
e faça uma visita a alguém que precisa de apoio.

Uma dedicada enfermeira, sobrecarregada com tantos pacientes a atender, viu um jovem entrar no quarto e, inclinando-se sobre o paciente idoso, em estado grave, dizer-lhe em voz alta:

— Seu filho está aqui.

Com grande esforço, o velho moribundo abriu e fechou os olhos. O jovem apertou a mão envelhecida do enfermo e sentou-se ao lado da cama.

Por toda a noite, ficou sentado ali, segurando a mão e sussurrando palavras de conforto ao velho homem. Ao amanhecer, o cansado enfermo veio a falecer. Contudo, tinha uma expressão de paz no rosto enrugado pelo tempo.

Em instantes, a equipe de funcionários do hospital encheu o quarto para desligar os aparelhos e remover as agulhas. A enfermeira aproximou-se do jovem e começou a lhe dizer palavras de conforto, mas ele a interrompeu com uma pergunta:

— Quem era esse homem?

Assustada, a enfermeira respondeu:

— Eu achei que fosse seu pai!

— Não. Não era meu pai — falou o jovem. — Eu nunca o tinha visto antes.

— Então, por que você não falou nada quando o anunciei para ele? — perguntou a enfermeira.

— Eu percebi que ele precisava do filho e o filho não estava ali. E como ele estava muito doente para reconhecer seu filho, resolvi segurar sua mão para que se sentisse amparado. Senti que ele precisava de mim.

Nesses dias em que as pessoas caminham apressadas, sempre com muitos problemas à espera de solução, não têm tempo sequer de ouvir o desabafo de um coração aflito, um jovem teve olhos para ver e ouvidos para ouvir o apelo mudo de um pai no leito de dor. É tão triste viver na solidão... É tão triste não ter com quem contar num leito de morte...

Reflexão:

Se você tem um familiar enfermo, aproxime-se dele e segure firme a sua mão. Ofereça-se para lhe fazer companhia, ainda que por alguns minutos. Fique em silêncio ao seu lado, para ouvir o que os ouvidos não conseguem captar.
Há tantos enfermos solitários precisando de um gesto qualquer de afeto, para sentirem que viver ainda vale a pena.
Procure ser a companhia de alguém nesses momentos.
Madre Teresa de Calcutá costumava dizer que "ninguém tem de morrer sozinho". Do mesmo modo, ninguém deve se afligir ou chorar sozinho; rir ou celebrar sozinho.

27. Lição de vida

Objetivo:
Refletir sobre as tomadas de decisões precipitadas, atentando-se às oportunidades da vida.

Numa época em que um sorvete custava muito menos do que hoje, um menino de 10 anos entrou na lanchonete de um hotel e sentou-se em uma mesa. Uma garçonete colocou um copo de água na frente dele.

—Quanto custa um *sundae*? — ele perguntou.

—Dois reais — respondeu a moça.

O menino puxou as moedas do bolso e começou a contá-las.

— Bem, quanto custa o sorvete simples? — perguntou o menino.

A essa altura, mais pessoas estavam esperando por uma mesa e a garçonete, perdendo a paciência:

— Um real e cinqüenta — respondeu de maneira brusca.

O menino mais uma vez contou as moedas e disse:
— Eu vou querer, então, o sorvete simples.

A garçonete trouxe o sorvete simples e a conta, colocou na mesa e saiu. O menino acabou o sorvete, pagou a conta no caixa e se retirou.

Quando a garçonete voltou, começou a chorar à medida que limpava a mesa. Do lado do prato havia cinqüenta centavos em moedas. O menino não pediu o *sundae* para que sobrasse a gorjeta da garçonete.

Reflexão:

Não feche os olhos para as pequenas coisas do dia-a-dia. Não as ignore, porque você pode estar deixando uma grande oportunidade passar despercebida e essa oportunidade pode ser justamente aquela que iria mudar a sua vida.

28. Celebração da vida

Objetivo:
Descobrir a riqueza de preparar uma grande celebração ou encenação litúrgica.

Havia dois irmãos. Um deles escolheu ser padre, e foi para o seminário. O outro preferiu seguir a carreira de ator.

Muitos anos se passaram sem que se vissem. Naquele tempo, as estradas eram ruins, e não era fácil eles se encontrarem. O tempo passava, e cada um deles dedicava-se mais e mais ao ofício que escolhera.

Alguns anos mais tarde, finalmente os dois se reencontraram na casa dos pais. O irmão mais velho usava batina. Fora ordenado sacerdote, falava de cor capítulos inteiros da Bíblia. O mais novo, ator formado, representava obras de autores famosos. Fora muito elogiado e aplaudido.

Nessa ocasião, os dois irmãos combinaram de um visitar o outro quando estivesse exercendo a sua "profissão".

Algum tempo depois, sentado no meio da platéia, na frente do palco em que, dentro de instantes, seu irmão ator entraria em cena, o padre esperava. Quando as cortinas se abriram, o padre ficou boquiaberto. Cenário bem montado, palmas vibrantes, atenção e silêncio, o som harmonioso da orquestra, tudo perfeito.

O apresentador começou a falar (sem papel na mão). Explicou o sentido da peça nos dias de hoje. Falou sobre o autor, os atores e os detalhes do cenário. A apresentação foi um sucesso. Quando as cortinas se fecharam, todos, de pé, não paravam de aplaudir. Muitos foram ao camarim do ator para parabenizá-lo. Comentavam trechos da peça... tiravam lições para suas vidas.

Chegou o dia em que o irmão ator visitaria o irmão padre. Encontrou-o, então, sentado na igreja, cercado por uma assembléia não muito animada, num lugar desconfortável. Olhava para o altar, no qual um "cenário" sem muita criatividade parecia não ser trocado havia muitos anos. De repente, alguém tomou um desafinado violão e pôs-se a exigir que todos o acompanhassem em uma melodia impossível de escutar em virtude do barulho de uma estridente bateria. Foi então que surgiu seu irmão.

Lá na frente, o comentarista leu alguma coisa. Mas não pôde entender muito bem o que iria acontecer, nem a importância disso nos dias de hoje. Não havia palmas. Por outro lado, em nenhum momento houve silêncio completo.

No final da missa, o padre voltou para a sacristia. Só o irmão ator foi cumprimentá-lo. O padre perguntou-lhe:

— Por que as coisas são assim? Lá no teatro as pessoas eram tão atenciosas. Aqui tudo parece ser diferente. O que acontece?

E o irmão ator disse:

— Você quer minha opinião sincera? Não ficará ofendido?

— Claro... diga o que você pensa! — respondeu o padre.

E o ator disse:

— É que lá nós representamos textos fictícios ou não, como se fossem verdadeiros. Aqui vocês representam textos verdadeiros como se fossem encenações!!!

Reflexão:
Na nossa vida, às vezes, é assim, representamos
e nos esquecemos de viver as verdades intensamente.

29. O pintor

Objetivo:
Exercitar com sabedoria o dom dado por Deus e aceitar Jesus na vida de cada pessoa.

Havia um pintor de quadros muito famoso. Os quadros que pintava, além de serem muito caros, eram vendidos com muita rapidez, por causa da beleza e da fama do pintor.

Esse artista ficou anos sem pintar, e depois de muito tempo voltou às suas telas e decidiu fazer uma grande exposição, convidando pessoas ilustres do mundo inteiro. Ninguém queria perder, afinal, tratava-se de uma celebridade que havia anos não pintava.

Durante o evento, todos os quadros estavam expostos, exceto um. Os quadros foram vendidos rapidamente, antes mesmo do fim da exposição. Entretanto, um quadro chamava a atenção de todos, mas o pintor não falava e não queria mostrá-lo.

Quando a exposição terminou, o pintor resolveu apresentar o quadro. Quando retirou o tecido que o cobria, uma grande surpresa: o quadro era belíssimo, algo nunca visto. Era a cena de Jesus batendo à porta de alguém.

Uma das pessoas perguntou ao pintor:
— Olha, o seu quadro é lindo, realmente muito fantástico, eu já vi inúmeras fotos, quadros de Jesus, mas com essa perfeição, jamais. Agora, além da pessoa de Jesus, há uma outra pintura que é a porta na qual ele bate; só que toda porta tem maçaneta e esta, não. Como ele vai entrar?

O pintor olhou para todos, olhou bem para o homem e respondeu:

— Neste quadro, eu relato, além das minhas qualidades como pintor, uma experiência de vida. Todos sabem que fiquei anos sem pintar, e depois de muito tempo resolvi exercer o dom que Deus me deu. Mas para isso eu precisava deixar algo entrar na minha vida. A porta em questão não é de uma casa, e sim do seu coração, que só pode ser aberta por dentro, pois só você tem a chave.

Jesus bate e deseja entrar, agora quem decide abrir a porta ou não é você.

Reflexão:
Se desejar algo, vá à luta, deixe que os amigos entrem
e o ajudem, porém, antes de tudo, não se esqueça:
abra sua vida para Jesus.

30. Os animais faladores

Objetivo:
Descobrir o valor de cada pessoa, sua beleza externa e interna.

Um rapaz órfão, sem parentes, resolveu correr o mundo. Pegou sua mala e foi andando... andando...

À beira do caminho, encontrou um formigueiro com uma enorme pedra na entrada que impedia a passagem das formiguinhas. O rapaz, com muita paciência e sabedoria, retirou a pedra, abrindo caminho para que as formigas entrassem. Uma das formigas, muito agradecida, disse ao rapaz:

— Moço, quando você precisar de ajuda, basta gritar: "Valha-me, rei das formigas". E eu estarei lá para ajudá-lo.

O rapaz agradeceu e seguiu viagem. Passando por uma fazenda, viu ao longe um animalzinho preso no arame farpado. Chegando mais perto, viu que era uma ovelhinha, que, de tanto se debater, estava toda machucada. O rapaz, muito paciente e carinhoso, cuidadosamente tirou a ovelha do arame farpado, rasgou um pedaço da sua camisa e limpou a ferida do animal. A ovelhinha ficou tão contente que falou para o rapaz (nesta época todos animais falavam):

— Moço, quando você precisar de ajuda é só gritar: "Valha-me, rei das ovelhas". E eu estarei lá para ajudá-lo.

Agradecido, o rapaz seguiu viagem. Mais à frente, avistou um bonito lago. Próximo a ele havia uma poça d'água e um peixinho querendo voltar para o lago, pois tinha sido jogado fora por uma tempestade. O rapaz, mais uma vez, pacientemente, pegou o peixinho e jogou-o no lago. O peixinho agradecido, disse ao rapaz:

— Moço, quando você precisar de ajuda é só gritar: "Valha-me, rei dos peixes". E eu estarei lá para ajudá-lo.

Agradecido, o rapaz continuou sua viagem. Um pouco mais adiante, viu um ninho de águia e um gavião que queria comer os filhotes. O rapaz, cuidadosamente, foi até o ninho e espantou o gavião. O filhotinho contou a seu papai águia e este lhe ficou muito grato, e disse:

— Moço, quando precisar de ajuda é só gritar: "Valha-me, rei dos pássaros". E irei ajudá-lo.

O rapaz agradeceu e seguiu viagem. Andou muito, até chegar a uma cidade em que toda a gente estava alvoroçada. O rapaz perguntou o que estava acontecendo ali.

— Só você é que não sabe. Está vendo aquele palácio no morro? — respondeu-lhe o morador — Lá mora um rei, e sua filha precisa encontrar um marido. Vários rapazes foram mortos na tentativa de passar a noite num lugar onde a princesa não possa adivinhar. Caso ela adivinhe, o candidato é degolado.

O rapaz falou:
— Eu vou tentar.
— Você? — perguntou o homem.
— Sim, eu — e seguiu para o palácio.

Chegando lá, falou do seu desejo de ser o marido da princesa. Olharam-no de cima a baixo, porém o deixaram falar com o rei, que lhe explicou:

— Minha filha terá de adivinhar onde você passou a noite, caso ela adivinhe, você será morto, do contrário, será seu marido. Você terá três chances de se esconder.

O rapaz aceitou. Levaram-no para um quarto maravilhoso no palácio. Perdido em seus pensamentos, resolveu pedir ajuda aos seus "amigos animais". E gritou:

— Valha-me, rei das ovelhas.

A ovelhinha chegou e perguntou o que aconteceu. Ele explicou tudo e a ovelha disse que iria escondê-lo num local onde princesa nenhuma o encontraria. Levou-o para uma caverna escura e funda. Chamou milhares de ovelhinhas, suas amigas, e ficaram na frente do rapaz.

À meia-noite, a princesa pegou o seu espelho mágico e olhou o céu, o mar, a terra e viu uma caverna escura com um bando de ovelhas e um pé.

Às 6 da manhã, o rapaz bateu à porta do quarto da princesa e perguntou:

— Você sabe onde passei a noite?

— Sei — respondeu a moça.

— Você sabe?

— Sim. Você estava numa caverna escura, com milhares de ovelhas na sua frente.

—Como você sabe?

—Ah, você esqueceu o pé de fora.

A noite, o rapaz chamou o peixinho:

— Valha-me, rei dos peixes.

O peixinho chegou e o rapaz contou-lhe toda a história. O peixe perguntou-lhe:

— Você é corajoso?

— Sim — respondeu o rapaz.

— Então vou levá-lo a um lugar onde ninguém irá encontrá-lo.

O peixe levou o rapaz para o fundo do mar, escondeu-o na barriga de um tubarão, e o tubarão, na barriga da baleia.

À meia-noite, a princesa pegou o seu espelho mágico e olhou o céu, o mar, a terra, e viu uma baleia no fundo do mar. E pensou: "Uma baleia no fundo do mar? Parada? Só pode ser ele".

Às 6 da manhã, o rapaz bateu à porta do quarto dela e perguntou:

— Você sabe onde passei a noite?
— Sei — respondeu a princesa.
— Você sabe?
— Sim. Você estava no fundo do mar, na barriga de um tubarão que estava na barriga de uma baleia.
— Bem, ainda tenho uma chance — disse o rapaz.

À noite, ele gritou:
— Valha-me, rei dos pássaros.

E então chegou a águia. Ele explicou-lhe toda a história. A águia prontamente resolveu ajudá-lo. Levou-o até o céu, numa nuvem bem escura, escondeu-o atrás dela e chamou outras nuvens, suas amigas, para esconder bem o rapaz. Chamou dois pássaros, amigos seus, e pediu que ficassem um de cada lado da nuvem, caso alguém assoprasse, ele não sairia do lugar.

À meia-noite, a princesa pegou o seu espelho mágico e olhou o céu, o mar, a terra, e viu uma nuvem escura e dois pássaros parados no ar. "Só pode ser ele", pensou. "E aquela mão fora da nuvem, de quem será?"

Às 6 da manhã, o rapaz bateu à porta do quarto da moça e perguntou:
— Você sabe onde passei a noite?
— Sei — respondeu ela.
— Você sabe?
— Sim. Você estava atrás de uma nuvem escura, com dois pássaros parados no ar, e a sua mão ficou fora da nuvem.

Bem, terminaram-se as três noites. O rapaz pediu mais uma chance. O rei reuniu seu conselho (porque rei que é rei tem um conselho) e concedeu-lhe mais uma oportunidade.

O rapaz, à noite, pensou que a sua última alternativa seria chamar a formiga. E gritou:
— Valha-me, rei das formigas.

A formiga veio em seu auxílio e, a par da história, falou que o ajudaria, porém ele teria de ser bem corajoso. O rapaz disse que era muito corajoso e que toparia tudo.

A formiguinha disse que iria transformá-lo numa formiga e ele teria de subir as escadarias, ir até o quarto da princesa e se esconder na barra do vestido dela, pois ela só enxerga o que está longe, o que está perto ela não percebe.

À meia-noite, a princesa pegou o seu espelho mágico e olhou o céu, o mar, a terra e não viu nada, olhou o céu, o mar, a terra e não viu nada... ficando assim até as 6 da manhã.

De manhã, o rapaz voltou rapidamente para o seu quarto, deixou de ser formiga e foi bater à porta do quarto da princesa. E perguntou:

— Princesa, você sabe onde eu passei a noite?
— Não — respondeu ela.
— Você não sabe?
— Não.
— Então quer dizer que serei o seu marido? — perguntou o rapaz.
— Sim — disse ela.

Chamaram o rei e este mandou preparar uma belíssima festa de casamento. Na hora do casamento, a princesa perguntou:

— Benzinho, onde você passou a noite?

Ele, com olhar maroto, respondeu:

— Depois do casamento eu lhe conto.

Reflexão:
Muitas vezes somos como a princesa, só enxergamos o que está longe, não conseguimos ver o que está perto.
Façamos uma análise da nossa caminhada, da nossa vida, e comecemos a enxergar a proximidade das pessoas e de nós mesmos.

31. O que é paixão?

Objetivo:
Mostrar que a paixão é algo que está dentro de nós.
E devemos saber vivenciá-la.

Era uma vez um homem *maribu*. *Maribu* é uma pessoa que entende de tudo: artes, português, matemática, ciência, tudo o que é imaginável, só não pode ter um cachorro.

Um dia ele estava dando uma de suas aulas, quando um aluno ergueu o braço e perguntou:
— Professor, o que é paixão?

O *maribu* olhou-o assustado e disse:
— Menino, que Deus o livre e guarde da paixão.

Chegando em casa, o *maribu* disse a sua esposa que um aluno tinha lhe perguntado o que era a paixão. Então, perguntou a ela o que era. Nervosa, ela respondeu:
— Eu sei lá o que é paixão. Você que é *maribu* é que deve saber, pois você entende de tudo.

No dia seguinte, no meio da aula, o mesmo aluno perguntou novamente:
— Professor, o que é paixão?
— Deixe isso para lá, menino, e que Deus o livre e guarde da paixão.

Chegando em casa, sua esposa disse-lhe:
— Benzinho, me dá um cachorro?

O *maribu*, muito nervoso, respondeu:
— Você sabe que eu sou um *maribu* e *maribus* não podem ter cachorros.

A esposa disse:
— Tudo bem, então vou para a casa da mamãe.

E pegando as suas malas, foi em direção ao portão. Quando ela estava quase para sair, o marido consentiu em lhe dar um cachorro.

No dia seguinte, o *maribu* chegou em casa com um cachorro, segurando-o somente com dois dedos.

À noite, quando o *maribu* voltou da escola, a esposa lhe disse:
— Benzinho, mate o cachorro.
— Matar o cachorro! Eu sou um *maribu*, não posso ter cachorro e lhe trouxe um, agora quer matar o cachorro! *Maribus* não matam nem moscas.

A esposa respondeu:
— Tudo bem, então vou para a casa da mamãe.

E pegando as suas malas, foi em direção ao portão. Quando ela estava quase para sair, o marido concordou em matar o cachorro. E o fez com nojo e cheio de piedade.

Chegando em casa, depois da aula, viu a mesa preparada, com copos de cristal, com talheres de prata, toalha adamascada... tudo muito chique. O *maribu* sentou-se para o jantar e a esposa lhe trouxe um prato com um assado, cheio de especiarias, todo bem condimentado: era o cachorro. Ele olhou o prato, com muito nojo, e a esposa disse:
— Você não vai comer?
— Ah, benzinho, isso é demais. Eu sou um *maribu*, não posso ter cachorro e lhe dei um; não mato nem mosca e matei o cachorro; agora você me pede para comer carne de cachorro? Isso já é demais.
— Tudo bem, então vou para a casa da mamãe — respondeu ela.

E pegando as suas malas, foi em direção ao portão. Quando ela estava quase para sair, o marido aceitou comer o cachorro.

Entretanto, no momento em que ele ia levar o garfo à boca com um pedaço da carne, a esposa gritou:

— Espere, benzinho.

Foi até a cozinha e trouxe um frango assado, todo temperado, condimentado, delicioso, cheio de batatas e retirou da mesa o outro prato. E falou:

— Isso é paixão: não poder ter cachorro e dar um para alguém, não matar nem moscas e matar um cachorro e até comer a sua carne se preciso for.

Reflexão:
Muitas vezes deixamos de fazer algo que nos agrada para poder agradar o outro.

32. O conforto

Objetivo:
Refletir sobre quão importantes são os gestos de solidariedade, por mais simples que possam parecer.

Havia uma senhora que se chamava Raquel. Ela morava sozinha, era muito pobre. Certo dia recebeu a visita da amiga Helena.

Raquel sempre reclamava para a amiga que não tinha conforto. Então Helena decidiu que todas as vezes que fosse visitar a amiga, levaria para ela um presente, e assim fez. Contudo, Raquel continuava reclamando da falta de conforto.

Um dia, não tendo mais o que levar para Raquel, Helena foi visitá-la sem lhe levar nenhum presente. Nesse dia elas conversaram longamente e, para surpresa de Helena, Raquel não se queixou de nada. Helena então falou para a amiga:

— Querida Raquel, todas as vezes que venho aqui, você reclama da falta de conforto e eu, na tentativa de ajudá-la, sempre lhe trago um presente. Mas hoje realmente não sabia mais o que trazer e por isso vim sem nada. No entanto, você não se queixou. Por quê?

Então Raquel lhe respondeu:
— Hoje você me trouxe o presente mais valioso, aquilo que eu sempre lhe pedi: o conforto.

Reflexão:
Às vezes uma palavra amiga tem muito mais valor
do que o presente mais caro que se possa comprar.
Que nós sejamos melhores ouvintes
e saibamos dar esse conforto àqueles que nos cercam.

33. A tristeza de Tati

Objetivo:
Mostrar que mesmo diante das adversidades da vida ainda existe uma luz. Devemos sempre perseverar para conseguirmos atingir os nossos objetivos.

Ao chegarem à escola, os coleguinhas de Tati notaram que ela estava muito triste, e isso incomodava a todos, pois ela sempre fora tão animada, brincalhona e sorridente.

Fernando, Juca e Julinho foram perguntar a Tati o que estava acontecendo, qual a razão de sua tristeza. Ela começou a chorar e, entre um soluço e outro, falou que seu pai havia ficado desempregado, ficaria muito difícil a vida de sua família. Mas a sua tristeza era maior porque não sabia como ajudar o pai.

Então Julinho disse a ela:

— Tati, seu pai precisa fazer alguns cursos, atualizar-se, porque hoje em dia a concorrência é muito grande e quem não está atualizado acaba perdendo o emprego ou ganhando um salário muito baixo.

Fernando disse a Tati que seu pai trabalhava numa empresa de cursos de aperfeiçoamento e treinamento e, se ela quisesse, poderia falar com ele sobre seu pai. A menina, porém, ficou muito brava, alegando que seu pai era um homem muito inteligente e que não precisava fazer cursos porque ele já sabia tudo. E foi embora, deixando os meninos sozinhos.

No dia seguinte, eles perguntaram a Tati se o seu pai já havia conseguido um emprego. Ela negou e repensou a idéia de Fernando. Se ele ainda pudesse falar com seu pai sobre os cursos, ela ficaria agradecida. Fernando se animou e disse que, à noite, falaria com o pai assim que ele chegasse.

Dito e feito. Fernando falou com seu pai, que logo ligou para o pai de Tati. Conversaram um pouco e o inscreveu em vários cursos de atualização em *marketing*, pois o pai de Tati era publicitário.

Alguns meses depois, Tati chegou à escola contente, gritando que seu querido papai havia conseguido um emprego numa agência de propaganda e *marketing*. Os meninos admiraram-se, pois tudo aconteceu muito rápido. Juca tirou sarro de Tati, dizendo que talvez fosse uma agência de "fundo de quintal". Ela ficou muito brava, mas não se incomodou com a brincadeira.

À noite, conversando com o pai, Juca ficou feliz, porque havia mais de seis meses seu pai não chegava tão cedo do trabalho e perguntou-lhe o porquê. O pai de Juca disse-lhe que chegara cedo porque seu novo chefe era uma pessoa muito competente e não deixava o serviço engavetado. Por sinal seu chefe era pai de uma das suas colegas de escola, a Tati.

***Reflexão:**
Ter amigos é muito bom; são ajuda certa nos momentos mais difíceis, pois sempre nos direcionam palavras ou gestos de solidariedade.*

Sumário

1. Fé: pedir com o coração 9
2. Os dois irmãos 11
3. O canto e o encanto de Anastácia 13
4. Os dons são preciosos 16
5. O valor de cada um 18
6. A águia que não sabia voar 20
7. Preparar-se é preciso 22
8. O camundongo 24
9. Os três filhos 25
10. Refletir é preciso 27
11. Um presente especial 29
12. A verdade 31
13. Quem é seu amigo? 33
14. Jogada de *marketing* 34
15. O pedreiro 36
16. A tigela de madeira 38
17. A transformação 41
18. Humildade e gentileza 43
19. Atitude é tudo 46
20. Um amigo 47
21. A pedra 49
22. A vida é tecida de sonhos 51
23. O jardineiro 54
24. Para Deus nada é impossível 56
25. Ser feliz é tudo 58
26. A mão amiga 60
27. Lição de vida 62
28. Celebração da vida 64
29. O pintor 66
30. Os animais faladores 68
31. O que é paixão? 73
32. O conforto 76
33. A tristeza de Tati 77

Impresso na gráfica da
Pia Sociedade Filhas de São Paulo
Via Raposo Tavares, km 19,145
05577-300 - São Paulo, SP - Brasil - 2018